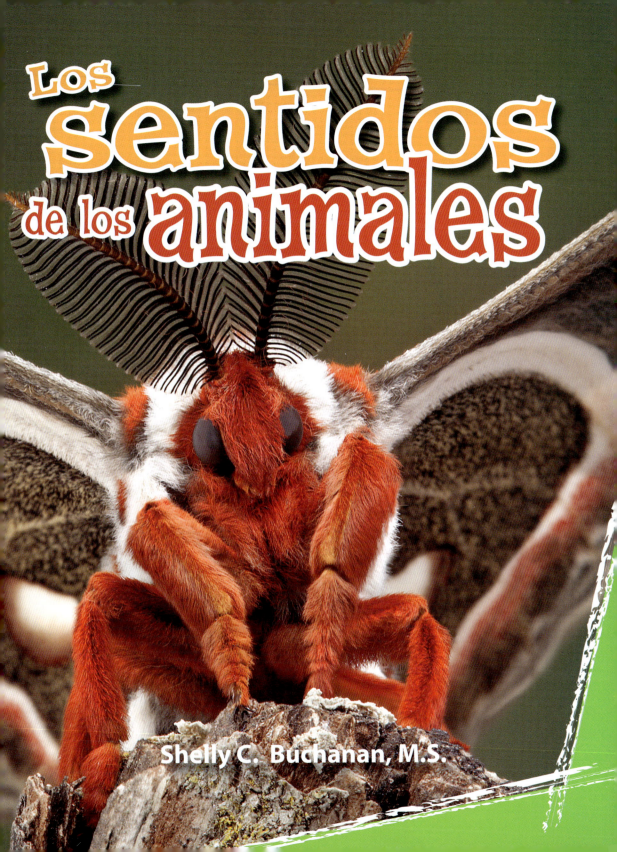

Los sentidos de los animales

Shelly C. Buchanan, M.S.

Asesora

Leann Iacuone, M.A.T., NBCT, ATC
Riverside Unified School District

Créditos de publicación

Rachelle Cracchiolo, M.S.Ed., *Editora comercial*
Conni Medina, M.A.Ed., *Gerente editorial*
Diana Kenney, M.A.Ed., NBCT, *Editora principal*
Dona Herweck Rice, *Realizadora de la serie*
Robin Erickson, *Diseñadora de multimedia*
Timothy Bradley, *Ilustrador*

Créditos de las imágenes: Portada, pág. 1 Shutterstock; págs. 3, 4, 9, 18, 19, 20, 24, 25, 26, 31, 32 iStock; págs. 17, 27 Juniors Bildarchiv GmbH / Alamy; pág.23 Karl H. Switak / Science Source; pág.17 MOB IMAGES / Alamy; 19 Omikron / Science Source; 25 Rod Planck / Science Source; pág.6 Stephen Frink Collection / Alamy; pág.21 The Natural History Museum / Alamy; págs. 11, 15 Timothy J. Bradley; las demás imágenes cortesía de Shutterstock.

er Created Materials
5301 Oceanus Drive
ngton Beach, CA 92649-1030
http://www.tcmpub.com

ISBN 978-1-4258-4694-7
© 2018 Teacher Created Materials, Inc.
Printed in Malaysia
Thumbprints.27317

Contenido

Habilidades asombrosas 4

Entra por los ojos 6

¡Oíd, oíd!................................ 10

¡Qué nariz! 14

Lenguas para saborear.................... 18

Sentido y tacto.......................... 22

El poder de la información 26

Piensa como un científico 28

Glosario................................ 30

Índice.................................. 31

¡Tu turno!.............................. 32

Habilidades asombrosas

¿Alguna vez deseaste poder oler un pastel de manzana a millas de distancia? ¿Y si pudieras usar los pies para escuchar tu canción favorita en la radio? Pues bien, los osos pardos pueden oler un animal muerto a 20 kilómetros (12 millas) de distancia. Y los elefantes africanos pueden usar los pies para sentir las **vibraciones** a más de 10 km (6 millas) de distancia. Pero no te desanimes. Aunque no puedes hacer todas esas cosas, tienes algo en común con esos animales.

Los seres humanos tenemos cinco sentidos. Usamos la nariz para oler la comida y la boca para saborearla. Usamos las manos para tocar y sentir si un objeto es afilado o suave. Los oídos nos permiten escuchar si el peligro se acerca o si alguien canta una canción. Nuestros ojos nos permiten ver lo maravilloso que es nuestro mundo. Usamos los sentidos para absorber información sobre nuestro mundo. Nuestro cerebro procesa la información y el cuerpo responde a esta información. Nuestros cinco sentidos nos permiten entender y vivir en el mundo. Nuestros sentidos se han **adaptado** para recibir la información que más necesitamos.

El sentido del olfato de un oso pardo es siete veces mejor que el de un sabueso.

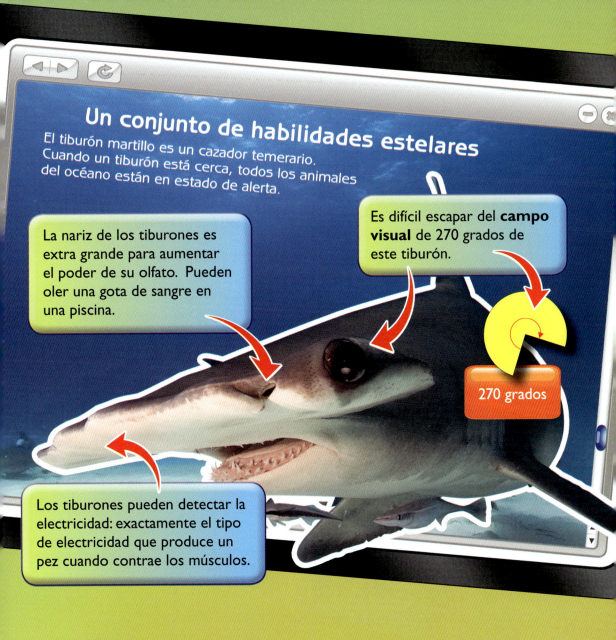

Un conjunto de habilidades estelares

El tiburón martillo es un cazador temerario. Cuando un tiburón está cerca, todos los animales del océano están en estado de alerta.

La nariz de los tiburones es extra grande para aumentar el poder de su olfato. Pueden oler una gota de sangre en una piscina.

Es difícil escapar del **campo visual** de 270 grados de este tiburón.

270 grados

Los tiburones pueden detectar la electricidad: exactamente el tipo de electricidad que produce un pez cuando contrae los músculos.

La mayoría de los animales tienen los mismos cinco sentidos. ¡Y algunos tienen más! Pero los animales viven en entornos diferentes de los nuestros. Por eso, sus sentidos se desarrollaron para ayudarlos a sobrevivir en el lugar en el que viven. ¡Los resultados son maravillosos!

Entra por los ojos

La vista es el sentido humano más poderoso. La usamos para movernos por el mundo mientras estamos despiertos. La mayoría de los animales también disfrutan del sentido de la vista. Usan este sentido para capturar su presa, huir de los depredadores, encontrar pareja y moverse por los alrededores. Te suena familiar, ¿verdad? Sin embargo, muchos animales ven el mundo de manera diferente de nosotros.

Para poder ver, abrimos los ojos y los movemos en la cavidad ósea. Pero los ojos de las aves funcionan de otra manera. No se mueven en absoluto. Para poder ver lo que tienen adelante, las aves mueven el cuello en vez de los ojos. Así es como aumentan su campo visual. Es por eso que las aves tienen el doble de huesos en el cuello que nosotros. Algunos animales, como el caballo, tienen los ojos a los lados de la cabeza. No necesitan mover la cabeza para ver lo que hay detrás. Esto los ayuda a detectar el peligro.

Sombras del camarón

El camarón mantis ve la vida de manera diferente de como lo hacen las personas. No solo puede ver más colores que las personas, sino que puede ver el calor y la luz ultravioleta.

Los búhos pueden girar la cabeza 270 grados. También pueden torcer la cabeza casi totalmente de arriba hacia abajo.

Ver las cosas de otro modo

Los camaleones tienen párpados que les cubren casi todo el ojo y dejan solo un pequeño orificio para que puedan ver. Estos ojos no solo tienen un campo visual de 360 grados que les permite ver en todas las direcciones, sino que también se pueden mover de forma independiente. El camaleón puede ver hacia adelante con un ojo… y ¡hacia atrás con el otro!

La mayoría de los animales depredadores, como los lobos, tienen ojos en el frente de la cabeza y eso les permite ver hacia adelante. Esto se denomina *visión binocular*. Ambos ojos miran la misma cosa, al mismo tiempo. Esta ubicación de los ojos es especialmente apta para los depredadores que quieren capturar su presa. Otros animales, como el conejo, tienen los ojos a los lados de la cabeza. Les permite tener un campo visual más amplio para ver a los depredadores que se acercan. Esto se denomina *visión monocular*. Un ojo ve una cosa y el otro, una diferente.

Algunos animales, como los gatos y los búhos, pueden ver en la oscuridad mejor que los seres humanos. Son animales nocturnos. Duermen de día y de noche están despiertos. Sus ojos se han adaptado a la oscuridad para cazar su presa. La mayoría de los animales tienen dos tipos de **células** en los ojos: bastones y conos. Los bastones sirven para ver en la oscuridad. Los conos sirven para ver los colores. Los gatos y los búhos tienen más bastones que conos. Pueden ver muy bien en la oscuridad. Pero no pueden ver muy bien los colores.

Bastones y conos
Los perros tienen más bastones que conos en los ojos. Les faltan conos para ver ciertos colores, por eso no pueden ver el rojo ni el verde brillante.

visión del ser humano

visión de un perro

¿La pupila perfecta?

La forma de los ojos de un animal por lo general refleja dónde vive, cuándo está activo y qué está buscando.

Una línea larga y delgada atraviesa el centro del ojo de un lagarto geco nocturno. Solo ven a través de una pequeña hendidura para no quedar ciegas durante el día. La forma de su **pupila** les permite una visión más clara, como la de una muy nítida pantalla de televisor. Por la noche, sus pupilas se expanden para que pueda ingresar más luz.

Los búhos tienen pupilas grandes y redondas. Debido a que los búhos son muy activos por la noche, necesitan ver en la oscuridad.

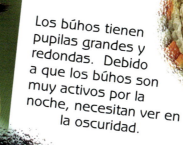

La pupila se expande por la noche para que entre más luz. Sus grandes ojos están llenos de bastones, que les permiten ver y cazar en la oscuridad. Durante el día, los búhos suelen tener los ojos medio cerrados.

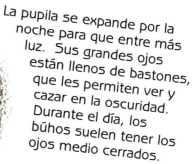

¡Oíd, oíd!

¡Quiquiriquí! El mundo de los seres vivos es un lugar ruidoso. Las personas usan los sonidos para comunicarse y compartir ideas. Cantamos, reímos y gritamos. Al igual que los seres humanos, muchos animales son muy sensibles al sonido. Lo usan para detectar a los depredadores que se acercan, para encontrar alimento y agua, y para comunicarse con otros animales. El sonido está compuesto de ondas de energía que se mueven en el aire, el agua y otros objetos. Los animales sienten esta energía en forma de vibraciones que sienten o sonidos que oyen.

Los oídos de los animales tienen todo tipo de tamaños y formas para escuchar ciertas vibraciones. Hay diminutos orificios cubiertos de pelo en el caso de las aves, y gigantescas orejas en el caso de los elefantes. Para los conejos es importante escuchar si un depredador se acerca, por eso tienen orejas tan grandes. Las orejas de la liebre miden la mitad de la longitud del cuerpo del conejo. Los oídos también se pueden encontrar en lugares inusuales. Algunos insectos, como los grillos, tienen los oídos en las patas. Otros, como la mariposa halcón, ¡tienen los oídos en la boca!

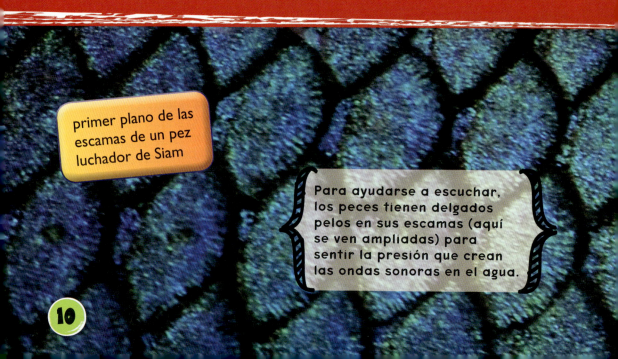

primer plano de las escamas de un pez luchador de Siam

Para ayudarse a escuchar, los peces tienen delgados pelos en sus escamas (aquí se ven ampliadas) para sentir la presión que crean las ondas sonoras en el agua.

Muchos animales pueden escuchar sonidos demasiado bajos o demasiado altos para nuestros oídos. ¿Alguna vez escuchaste a un perro ladrar aparentemente sin motivo? Tal vez escuchó algo que tú no escuchaste. Muchos animales pueden mover las orejas en varias direcciones. Esto les permite dirigir mejor los sonidos hacia sus oídos y su cerebro.

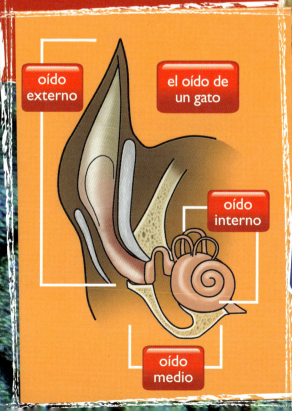

oído externo

el oído de un gato

oído interno

oído medio

Mantén el equilibrio

Un gato tiene canales alineados con pelos y líquido. El líquido en los canales le permite al gato saber en qué posición se encuentra, incluso cuando está patas para arriba. Sus oídos, en combinación con su flexible columna, le permiten caer parado casi siempre.

Para algunos animales, escuchar es hasta más importante que ver. Los murciélagos cazan su alimento en la noche. Casi todos los insectos que comen los atrapan en el aire. A pesar de su mala visión, estas criaturas giran y cambian de dirección con agilidad. Pueden evitar obstáculos como los árboles y alambrados mientras persiguen a su presa. La ecolocación ayuda a los murciélagos a saber dónde están y qué hay a su alrededor. Los murciélagos emiten sonidos que son demasiado agudos para el oído humano. Este sonido rebota en los objetos y animales cercanos. El eco ayuda a los murciélagos a saber qué cosas hay cerca, incluso su presa. ¡Hasta pueden escuchar cómo rebota el eco en las alas de un mosquito!

Los delfines y las ballenas también usan la ecolocación. Estas criaturas del océano emiten silbidos, chillidos y chasquidos. Los delfines y las ballenas tienen entre dos y tres veces más nervios en los oídos que los seres humanos. Esto les permite tener una excelente audición. Escuchan sonidos que nosotros no podemos.

Los chasquidos que emiten los cachalotes son los más fuertes y profundos que emite un animal. El sonido rebota en obstáculos, peces y otras criaturas. Estas criaturas de las profundidades usan la ecolocación para viajar, cazar y evitar el peligro.

Atrápala

Los murciélagos tienen las orejas con forma de embudo porque eso les permite captar el sonido que emiten durante la ecolocación. También tienen un pliegue en la oreja que los ayuda a dirigir el sonido. ¡Es como un guante de béisbol para los sonidos!

Un saludo muy agudo

El sonido se mide en ondas por segundo. Una unidad se denomina hertz (Hz). Las personas escuchan sonidos entre los 20 y los 20,000 Hz. Los delfines escuchan los sonidos más agudos. ¡Escuchan hasta 150,000 Hz!

El sonido viaja a una velocidad de 344 metros (376 yardas) por segundo.

¡Qué nariz!

Para muchos animales, tener un agudo sentido del olfato es cuestión de vida o muerte. Un aroma en el aire o el agua contiene mucha información. Incluso en pequeñas cantidades, las sustancias químicas que constituyen el olor pueden ser muy útiles. Los animales usan la nariz para buscar alimento o presas. También la usan para evitar los depredadores. El olor correcto hasta puede ayudar a los animales a encontrar pareja.

Hay narices asombrosas en el reino animal. Piensa en la nariz del elefante. En promedio, mide 2 metros (6.5 pies) de largo. Esta increíble trompa los hace grandes olfateadores. También representa una herramienta muy útil. Puede contener galones de agua y levantar pesados troncos de árboles.

Las polillas macho cuentan con uno de los mejores sentidos del olfato. Usan sus **antenas** para detectar las polillas hembra hasta seis millas de distancia. Un pulpo usa los tentáculos para oler. Un bagre usa los bigotes para "olfatear" su entorno. Una serpiente usa la lengua para atrapar partículas aromatizadas del aire.

polilla macho

Un olfateador sensible

Los perros tienen una nariz muy sensible que puede ser entrenada para encontrar muchas cosas: abejas, DVD o cáncer. ¿Cómo lo hacen?

La nariz de un perro tiene millones de **receptores** que reciben el olor y lo envían al cerebro.

El aire ingresa por las fosas nasales del perro. Sale por los lados de la nariz. Eso mantiene limpio al aire que ingresa para que el olfato sea óptimo.

El perro procesa los olores en el bulbo olfatorio, una parte del cerebro que le dice al perro qué está oliendo y cómo responder.

El cerebro humano es 10 veces más grande que el de un perro. Pero el perro tiene un bulbo olfatorio tres veces más grande que el de un ser humano.

Tal vez hablas con tus amigos o les escribes correos electrónicos para saber cómo están. Tal vez les haces preguntas, los escuchas y los miras. Pero ¿alguna vez los olfateas para saber cómo están? Esta es una de las maneras en las que los animales hablan entre sí. Envían y reciben información a través del olfato. Piensa en un zorrillo. Cuando tú o algún animal perciben el olor del zorrillo, su mensaje es fuerte y claro: ¡aléjate! El olor del zorrillo representa una poderosa manera de comunicación y protección.

Hay muchos otros animales que usan su olor como una señal de "aléjate". Los gorilas, zorros y gatos monteses son solo algunos ejemplos. Orinan en los árboles o las rocas para marcar su territorio. Esto les hace saber a otros animales que ese territorio ya está ocupado. Y que NO se permiten visitas.

Cuéntamelo todo

Los animales usan el olor para comunicarse, no solo con los animales sino también contigo. Cuando estás molesto o asustado, tu mascota puede olerlo. Tus mascotas saben tu estado de ánimo sin que tengas que decir una sola palabra.

Otros animales usan el olor como una invitación a una fiesta. Cuando una hormiga encuentra alimento, ¡que venga toda la manada! Las hormigas pasan mensajes de olor unas a otras con sus antenas. También dejan un rastro de olor en el suelo. Así, otras hormigas pueden encontrar la fiesta con facilidad.

hormigas verdes

{ Cuando una abeja pica a un animal o a una persona, libera sustancias químicas que las otras abejas pueden oler. Esto les hace saber que hay peligro en el área. }

Golpeteos

Cuando el gato frota su cabeza contra algo, se denomina *golpeteo*. Eso les permite imprimir su aroma personal en los miembros de la familia, amigos cercanos y objetos preciados. ¡Es un halago gatuno!

Lenguas para saborear

¿Cuáles son tus alimentos favoritos? ¿Por qué disfrutas algunos alimentos más que otros? Tal vez por la textura o el color del alimento. Pero tal vez te guste por el sabor que tiene. Muchos animales también son sensibles al gusto. Algunos tienen alimentos favoritos. Pero muchos tienen alimentos que ni prueban. Algunos son tan particulares que solo comen un tipo de alimento.

Las especies diferentes tienen diferentes papilas gustativas para detectar mejor el alimento que necesitan comer. Algunos usan sus papilas para que los ayuden a saber qué cosas evitar. Un sabor amargo puede ser señal de que un tipo de alimento es venenoso. Un sabor dulce puede ser señal de que un alimento les proporcionará a los animales una inyección de energía.

Las papilas gustativas son **órganos** sensoriales. Son los receptores que le avisan al cerebro si un alimento es salado, agrio, dulce o amargo. Los científicos consideran que la mayoría de los animales experimentan el gusto del mismo modo que las personas. ¡Pero es difícil saberlo!

¡Miau!
Los gatos no pueden saborear la dulzura en absoluto. Perdieron esa habilidad hace mucho tiempo. Aunque puedes dejarlo que tome el agua del lavabo, no lo dejes comer helado. ¡Esta delicia para los seres humanos sería un desperdicio en los gatos!

amargo

Saboréalo

Al contrario de la creencia popular, dulce, salado, ácido, amargo y *umami* (sabroso) son sabores que todas las partes de tu lengua pueden detectar. La única excepción es la parte de atrás de la lengua, que es especialmente sensible a los sabores amargos. Es para lograr que las personas escupan las cosas que podrían ser venenosas o estar podridas.

Pon a prueba tus papilas gustativas

Las personas pueden tener entre 2,000 y 8,000 papilas gustativas. Descubre si tienes muchas o pocas con un simple experimento en el hogar.

1. Coloca dos gotas de colorante de alimentos azul en tu lengua y traga un par de veces.

2. Observa tu lengua para ver qué tan azul quedó. Si está muy azul, tienes menos papilas gustativas. Si está rosada, ¡tienes muchísimas!

papilas gustativas amplificadas

En los seres humanos, las papilas gustativas están en la lengua. ¡Pero algunos insectos, como las mariposas, usan las patas para saborear las cosas! Caminan sobre las flores para decidir si beberán su néctar. Su lengua permanece cuidadosamente enrollada bajo su cabeza y luego se desenrolla para beber el néctar. Estas criaturas pueden percibir el sabor dulce con una intensidad 200 veces más grande que nosotros.

Una serpiente saborea atrapando con su lengua partículas de aroma del aire. Presiona esas partículas en un espacio en el techo de su boca. Este recoveco, llamado *órgano de Jacobson*, le envía un mensaje al cerebro con la información sobre el olor.

Los seres humanos tienen entre 2 y 8 mil papilas gustativas en la lengua. Un **carnívoro** tiene menos. Por ejemplo, un león tiene unas 470. Tiene una dieta simple de carne y más carne. No necesita una amplia gama de sabores. Y los pocos alimentos que come este animal tienden a ser bastante seguros. Un **omnívoro** tiene más papilas gustativas. Un cerdo cuenta con 15,000. Necesita una gama más amplia de alimentos. Un **herbívoro** es el que más papilas gustativas tiene. ¡Una vaca tiene 25,000! Necesita encontrar una gran gama de sabores diferentes para cubrir sus necesidades nutricionales. Un herbívoro también tiende a tener más papilas gustativas para detectar las sustancias químicas peligrosas de las plantas.

¡Para ganar!

El bagre es el animal que tiene mayor cantidad de papilas gustativas. En total son unas 175,000. Se encuentran en la boca, la piel y los bigotes. Con todas esas papilas gustativas, el bagre puede encontrar alimento en las oscuras aguas.

Sentido y tacto

Usas el sentido del tacto para tender tu cama, comer un bocadillo, escribir una nota y acariciar un animal. También puedes usar este sentido para evitar el peligro, como una estufa caliente. La mayoría de los animales han desarrollado el sentido del tacto por los mismos motivos. Ese sentido del tacto les permite construir un hogar, encontrar alimento, comunicarse y protegerse. Los animales han desarrollado una variedad de órganos del tacto que los ayuda a sobrevivir.

Las morsas cazan su alimento frotando la cabeza en el barro. Usan los bigotes alrededor de la boca para sentir el alimento. Pueden detectar las cosas, como un cangrejo o una almeja, que tienen la forma y la textura adecuada para comer. Entonces, ¡a comer se ha dicho!

Un oso hormiguero gigante apenas puede ver. Pero tiene una supernariz para encontrar insectos. Cuando su lengua extralarga se pone a trabajar, puede prolongarse en lo profundo de un hormiguero. Su pegajosa saliva actúa como pegamento. ¡La gigantesca lengua del oso hormiguero puede tragar hasta 25,000 insectos al día!

oso hormiguero gigante

Labios calientes

Las serpientes tienen espacios entre los labios que les permiten sentir el calor cuando está cerca. Estos espacios se llaman *fosas de calor*. Estas alertan a la serpiente cuando hay una presa de sangre caliente lista para ser atrapada. ¿Será "hora de la cena"?

Los seres humanos no son los únicos animales que usan el tacto para saludar. Los simios y los monos se abrazan, y en ocasiones se besan cuando se encuentran.

El sentido del tacto de un animal puede ayudarlo a mantenerse seguro y tranquilo. Muchos tipos de peces nadan en grupo para estar seguros. Se mueven en grupo como bailarines. Para ello, usan su sistema de línea lateral. El pez tiene una línea lateral a cada lado de su cuerpo. Incluye receptores que sienten la presión. Cuando un pez vecino se mueve, los otros pueden sentirlo en una fracción de segundo. Y se mueven con este. Al moverse en conjunto, el pez se siente seguro.

Los topos de nariz estrellada son casi ciegos. Por eso han desarrollado un increíble sentido del tacto. Estos topos tienen 22 tentáculos suaves que rodean su nariz. Estos tentáculos contienen 25,000 **sensores** táctiles. ¡Los sensores son más sensibles que los dedos humanos! Los topos usan estos sensores para poder andar en la oscuridad. Así es como también cazan su alimento. También usan este supersentido para evitar salir al aire libre, donde podrían ser atacados por los depredadores.

Otros animales cuentan con el hecho de ser intocables. El puerco espín tiene espinas afiladas para mantener a los enemigos alejados. Las abejas y las avispas usan su puntiagudo aguijón para protegerse del enemigo.

Un toque de confusión

Cuando tocas algo, se envían señales eléctricas a tu cerebro. Los científicos estudiaron el cerebro de los monos y observaron las señales que eran enviadas cuando los monos eran tocados. Luego, enviaban una señal eléctrica a esa parte del cerebro, pero sin tocar a los monos. Los monos reaccionaban como si los hubieran tocado.

Cacería por tacto

Igual que el topo de nariz estrellada, la musaraña depende por completo del tacto para cazar. No usa el olfato, la vista ni el oído para guiarse. Son sus bigotes los que lo ayudan a encontrar el alimento debajo del agua.

topo de nariz estrellada

musaraña

El poder de la información

Todos los animales, desde una hormiga pequeña hasta una ballena enorme, necesitan recibir y procesar la información sobre el mundo. Mientras muchos animales tienen los mismos cinco sentidos que las personas, algunos desarrollaron sentidos adicionales que son difíciles de imaginar para los seres humanos. Las vistas, los olores, sabores, pulsos eléctricos y mucho más brindan información a los animales. Y el cerebro está en el meollo del asunto, incorporando los detalles sensoriales y diciéndole al cuerpo cómo responder. La manera en la que cada animal recibe y usa la información puede variar. Es que el mundo se ve, suena, sabe y se siente diferente para cada ser vivo. Pero todas las criaturas usan sus sentidos para entender el mundo.

mono ardilla común

Sentido del humor

El humor no es como los otros sentidos. No nos brinda información sobre el mundo. Pero sin duda, afecta la manera en la que vemos el mundo. Las ratas, los perros y los gorilas han sido vistos haciendo algo que se parece mucho a reír. ¡Y hasta se han visto cuervos haciéndose bromas unos a otros!

Piensa como un científico

¿De qué manera la forma del cuerpo de un animal se relaciona con sus habilidades? ¡Experimenta y averígualo!

Qué conseguir

- 4 hojas de papel
- cinta adhesiva
- música
- tijeras

Qué hacer

1. Enrolla el papel para darle forma de cono. Encaja la parte delgada del cono alrededor de tu oreja. Pega el papel con cinta.

2. Sostén el extremo más pequeño del cono en tu oreja. Tápate el otro oído con el dedo. Escucha música.

3. Ahora cambia la orientación del cono. Vuelve a escuchar. ¿Qué puedes observar? Experimenta con diferentes formas para la oreja.

4. Luego, sostén dos hojas de papel de cada lado de tu rostro. Intenta mirar a tu alrededor sin mover la cabeza. ¿Qué tipo de animal tiene una visión similar a esta?

5. Toma dos hojas de papel y corta largas ranuras de manera que apenas puedas ver a través de estas. Colócalas delante de tus ojos y mira a tu alrededor. ¿Qué tan bien puedes ver?

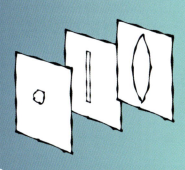

6. Corta las ranuras un poco más anchas para ver un poco mejor. ¿De qué manera cambia tu visión? Experimenta con diferentes figuras para el orificio de los ojos. ¿Qué animales tienen esos ojos?

Glosario

adaptado: modificado para vivir con más facilidad en un lugar en particular

antenas: órganos sensitivos y delgados en la cabeza de un insecto, cangrejo, etc., que se usan principalmente para sentir y tocar cosas

campo visual: el área que puedes ver sin mover los ojos

carnívoro: un ser vivo que solo come carne

células: unidades básicas de la vida

herbívoro: un ser vivo que solo come plantas

omnívoro: un ser vivo que come plantas y animales

órganos: partes del cuerpo con determinadas funciones

pupila: el área pequeña, negra y redonda que se encuentra en el centro del ojo

receptores: terminaciones nerviosas que sienten los cambios en la luz, temperatura, presión, etc., y hacen que el cuerpo reaccione de una manera en particular

sensores: dispositivos que detectan o sienten el calor, la luz, el sonido, el movimiento, etc., y luego reaccionan a la luz de una manera en particular

vibraciones: movimientos rápidos de las partículas, de un lado a otro

Índice

audición, 12

bastones, 8–9

conos, 8, 29

depredadores, 6, 8, 10, 14, 24

ecolocación, 12

gusto, 18

lengua, 14, 18–22

nariz, 4–5, 14–15, 22, 24–25

ojos, 4, 6–9, 21, 29

olfato, 4–5, 14–16, 25

oído, 4, 10–12, 25, 29

órgano de Jacobson, 20

presa, 6, 8, 12, 14, 23

tacto, 22–25

vista, 6, 25–26

¡Tu turno!

Luces nocturnas

La próxima vez que salgas de noche, tómate un momento para escuchar los sonidos que te rodean. Huele el aire. Usa las manos para sentir tu alrededor. Ahora, imagina que eres un animal nocturno. Piensa en cómo podrías usar tus sentidos para encontrar alimento y mantenerte seguro.